MODELUL DE AFACERI CANVAS

INFORMAȚII CHEIE

- **Numele:** Business Model Canvas, BMC.

- **Utilizări:** Panoul modelului de afaceri este un instrument strategic valoros care este utilizat pentru a conceptualiza noi modele de afaceri sau pentru a le documenta pe cele existente. Acesta ajută la orientarea deciziilor privind lansarea unui produs, a unui start-up sau a unui nou proces, ilustrând valoarea și activitatea de bază a unei companii.

- **De ce are succes?** Simplitatea și claritatea prezentării vizuale a instrumentului fac ca acesta să fie ușor de utilizat de unul singur sau ca parte a unei echipe.

- **Cuvinte cheie:**

  - Modelul de afaceri: Modelul prin care o companie creează valoare. Printr-o strategie de dezvoltare a activității de bază, această valoare ar trebui să se manifeste prin recompense financiare pentru companiile care reușesc să își satisfacă clienții.

  - Planul de afaceri: O proiecție, consemnată într-un document oficial, care prezintă această strategie pe baza unor analize de piață și a unor date riguros colectate și studiate.

  - Pânză: O schiță de bază care grupează o colecție de elemente într-un mod structurat.

INTRODUCERE

Angajații ambițioși care doresc să urce în ierarhia companiei lor și să facă viabile ideile revoluționare și de mare valoare, precum și antreprenorii care doresc să își revigoreze compania sau să își mărească cota de piață, ar beneficia de pe urma unei înțelegeri aprofundate a modului în care funcționează afacerea lor, a modului în care aceasta generează creștere și a pârghiilor de creștere care sunt cele mai utile. Business Model Canvas este o modalitate excelentă de a dezvolta această înțelegere.

Acest instrument strategic a fost dezvoltat de Alexander Osterwalder (teoretician austriac, născut în 1974) și Yves Pigneur (informatician belgian și profesor la Universitatea din Lausanne, născut în 1954) în cartea lor bestseller *Business Model Generation* (2010). Acesta este utilizat în principal (deși nu exclusiv) de către antreprenori și urmărește să le permită acestora să își transforme ideile în proiecte inovatoare și competitive. Pentru a face acest lucru, autorii încurajează fiecare companie care utilizează Business Model Canvas să reflecteze asupra valorii pe care o creează pentru clienții lor și pentru ei înșiși. Acest mode este deosebit de potrivit pentru cei care activează în întreprinderi mici sau în startup-uri, unde structura nu este puternic ierarhizată: pânza oferă o abordare mai sistematică decât majoritatea modelelor tradiționale, articulând diferitele părți componente ale afacerii.

DEFINIREA MODELULUI

Potrivit creatorilor metodei, acest cadru permite organizațiilor să creeze, să livreze și să capteze valoare (Osterwalder și Pigneur, 2010).

Business Model Canvas face parte din tendința de gândire vizuală și de proiectare. Acest lucru înseamnă că, prin procesul său neliniar, permite crearea unui sistem vizual accesibil, ușor de citit și de înțeles pentru toată lumea. Acest canvas este un mediu pe care antreprenorii îl pot folosi pentru a reflecta și a-și construi modelul de afaceri pe o singură pagină: aceștia își pot organiza cu ușurință ideile în căsuțele din șablon, pentru a trece mai rapid – și mai eficient – la acțiune. Faptul că oferă o imagine de ansamblu a modelelor în construcție facilitează definirea clară a priorităților, crearea unor planuri de acțiune concrete și o abordare creativă și adaptabilă, ceea ce simplifică foarte mult dezvoltarea viitoare a unui plan de afaceri. De asemenea, acest instrument îmbunătățește interacțiunile cu clienții și stimulează comunicarea între angajați.

TEORIE

Toate companiile visează să dețină cheile succesului, şi cu cât sunt mai simple, cu atât mai bine! Deşi acest cadru nu ia în considerare cu adevărat aspectul pur concurenţial, el este totuşi foarte interesant, practic şi accesibil tuturor.

CELE NOUĂ INSTRUMENTE

Matricea este formată din nouă blocuri interconectate care ilustrează toate activităţile unei întreprinderi:

- activităţi cheie

- parteneriate cheie

- resurse cheie

- segmente de clienţi

- canale

- relaţiile cu clienţii

- propunere de valoare

- structura costurilor

- fluxuri de venituri.

Clar diferenţiate şi identificate, cutiile sunt aranjate cu atenţie şi precizie pe pânză. Această dispunere creează sinergii între ele, rezultând o strategie unică pentru fiecare companie care încearcă exerciţiul.

Crearea de valoare

- **Activități cheie.** Activitățile-cheie sunt esențiale pentru companie, deoarece prin intermediul lor se creează o propunere de valoare pentru clienți, care generează indirect venituri. Aceste activități variază, în funcție de tipul de model de afaceri. De exemplu, într-o companie de asigurări, o activitate-cheie este protejarea activelor clienților și despăgubirea acestora în caz de pierdere; un spital va fi responsabil pentru sănătatea pacienților. Potrivit lui Osterwalder, activitățile pot fi clasificate în trei categorii diferite:

  - Cele legate direct de fabricarea unui produs;

  - Cei care caută să dezvolte soluții (servicii) pentru a răspunde nevoilor clienților;

  - Cele care au loc, în totalitate sau parțial, pe internet (site-uri de cumpărături online sau bănci).

- **Parteneriate cheie.** Dictonul "două capete sunt mai bune decât unul" este universal și are o rezonanță deosebită în lumea profesională, în cadrul companiilor noastre. Existența și menținerea unor relații bune cu parteneri atent selecționați, competitivi și de încredere, consolidează poziția ocupată de organizație pe piața sa, prin consolidarea modelului de afaceri. Natura parteneriatului depinde de obiectivele companiei:

  - Subcontractarea pentru a promova economiile de scară sau pentru a reorienta activitățile;

- fuziuni pentru a reduce riscul și incertitudinea legate de mediul concurențial;

- Achiziționarea anumitor resurse și activități, ceea ce permite externalizarea unor activități către alte companii. Un exemplu în acest sens ar fi o companie de asigurări care utilizează un birou de evaluare extern pentru a plăti cererile de despăgubire.

Există diferite profiluri de parteneri-cheie. Indiferent dacă partenerul este o companie sau o persoană fizică, important este ca acesta să ofere sprijin, consiliere etc., care să faciliteze dezvoltarea unei companii: bănci, investitori, asociați, furnizori sau chiar clienți, dar și concurenți.

- **Resurse cheie.** Acestea sunt activele companiei, pe care aceasta se bazează și care îi permit să își mențină activitatea economică sau să își desfășoare cu succes lanțul valoric. Există, prin urmare, un anumit grad de interdependență între sănătatea întreprinderii – atât financiară, cât și umană, intelectuală (brevete etc.) sau materială – și resursele disponibile pentru (re)lansarea unei propuneri de valoare. Urmând această logică, întreprinderile mici și mijlocii vor profita la maximum de dimensiunea relativ redusă a echipelor lor (resurse umane) pentru a se concentra pe contactul personal regulat cu clienții. În schimb, o companie IT poate prefera să se concentreze asupra resurselor materiale, cum ar fi procesoarele, răcitoarele sau depozitele, pentru a-și spori propunerea de valoare.

- **Segmente de clienți.** Majoritatea companiilor își datorează prosperitatea clienților lor, care reprezintă forța motrice a multor activități economice. Prin urmare, este important să îi cunoaștem bine, să le identificăm așteptările și să le propunem o ofertă care să răspundă cât mai bine nevoilor lor. Pornind de la acestea, organizația stabilește segmente de clienți cu nevoi identice sau similare și alege grupurile pe care să le vizeze în mod special.

 ## DEFINIREA ȘI ALEGEREA SEGMENTELOR

Există diferite tipuri de segmente de clienți, cum ar fi piața de masă, piața de nișă, piața diversificată etc. În funcție de tipul de activitate ales, de capacitatea sa financiară și de situația economică, întreprinderea va viza un segment sau altul. De exemplu, un restaurant de lux va căuta să atragă în principal clienți înstăriți, în timp ce o braserie va oferi un meniu mai accesibil (cu excepția cazului în care dorește să ofere ceva diferit și să vizeze un alt tip de clientelă; în acest caz, va opta pentru o abordare diferită, de exemplu, oferind vinuri de calitate superioară și subliniind această alegere în comunicarea sa). Alegerea segmentului poate fi, de asemenea, bazată pe localizarea geografică: înființarea unui restaurant de lux pare mai potrivită în anumite locuri decât în altele (în centrul orașului sau la țară).

- **Canale.**

    - Propunerile de valoare sunt livrate clienţilor prin canale. Publicitatea, reţelele de socializare etc. sunt "interfeţe" esenţiale între companie şi clienţii săi.

- **Relaţiile cu clienţii.** Optimizarea relaţiilor cu clienţii este un subiect predilect pentru orice companie. Cultivarea relaţiilor cu consumatorii de propuneri de valoare încurajează loialitatea acestora, garantând astfel, într-un fel, durabilitatea companiei. O relaţie se construieşte prin contactul repetat dintre client şi produs/serviciu/întreprindere, fie că este vorba de consum sau de experienţa ca atare, fie de expunerea la marketingul din jurul ofertei. Prin urmare, fiecare întreprindere trebuie să stabilească o politică concretă prin care să definească relaţile sale actuale şi viitoare cu clienţii. Aceste relaţii pot lua mai multe forme, inclusiv o abordare mai personalizată, auto-servirea şi standardizarea.

- **Propunerea de valoare.** Propunerile de valoare reprezintă serviciile sau produsele pe care compania le oferă (vinde) clienţilor săi.

👁 CE ESTE VALOAREA?

Valoarea este ceea ce permite unei companii să se extindă şi să câştige şi să păstreze clienţii care caută valoare adăugată: raportul calitate-preţ, marca, calitatea serviciilor şi eficienţa. Prin urmare, pentru a realiza această valoare, este important să se cunoască nevoile care au fost satisfăcute – și, mai ales, care nu au fost satisfăcute – pe piață și să se analizeze ceea ce oferă concurența.

Echilibrul financiar

- **Structura costurilor.** Multe părți ale modelului de afaceri implică și generează costuri (publicitatea este un bun exemplu).

- **Fluxuri de venituri.** Această casetă va conține răspunsurile la următoarele întrebări: Care sunt sursele de venit? Ce preț sunt dispuși să plătească clienții și pentru ce produse? Generarea de fluxuri de venituri este, prin urmare, crucială, deoarece supraviețuirea oricărei întreprinderi depinde de aceasta. Cele mai frecvente oferte includ vânzarea de bunuri, dreptul de utilizare (clienții plătesc pentru a utiliza produsul sau serviciul), abonamente, leasing/împrumuturi etc. Dincolo de aceste venituri din relația B2C, nu trebuie neglijate nici veniturile din parteneriatele B2B, cum ar fi publicitatea și sponsorizarea.

APLICAȚIE PRACTICĂ

SFATURI ȘI CELE MAI BUNE PRACTICI

Organizarea unui atelier BMC

După cum s-a menționat anterior, acest model este interactiv: participanții din cadrul companiei se așează, desenează matricea pe o foaie mare de hârtie, pe care o lipesc pe un perete sau o așează în mijlocul mesei, discută, interacționează și își "lipesc" ideile pe model. Metoda Post-it®, sugerată de Osterwalder, pare foarte eficientă în contextul acestui lucru de grup: ideile pot fi eliminate, înlocuite și mutate pe măsură ce discuția avansează și se aduc în discuție puncte diferite. În timpul atelierului, Panoul modelului de afaceri nu rămâne "fix", ci mai degrabă este construit pe rând, câte un Post-it® Note (Osterwalder și Pigneur, 2010), deoarece:

- Utilizatorii se gândesc în mod activ la ceea ce ar trebui să plaseze în fiecare căsuță din model, punându-și o serie de întrebări. De exemplu, pentru propunerea de valoare, ar fi interesant să se gândească la valoarea pe care compania o oferă clientului, la problema pe care își propune să o rezolve, la nevoile la care răspunde etc. Aceste puncte ar trebui abordate cât mai în profunzime posibil.

- Fiecare participant are la dispoziție un bloc de notițe și un pix, ceea ce îi permite să își împărtășească gândurile cu colegii şi să îşi organizeze ideile în acelaşi timp. În cadrul acestei abordări, modelul de afaceri este dezvoltat prin brainstorming şi notarea ideilor. Ideea principală este că simplitatea stimulează creativitatea. De asemenea, se urmăreşte implicarea angajaţilor de la toate nivelurile companiei.

În cele din urmă, companiile trebuie să nu uite să îşi testeze periodic modelul. Formularea de ipoteze permite ca modelul de afaceri să fie ajustat pe măsură ce compania se dezvoltă.

 ## RECOMANDĂRI DIN PARTEA AUTORILOR

Pentru a crea şi implementa un nou model de afaceri, Osterwalder şi Pigneur sugerează să se lucreze în cinci etape:

Mobilizarea prin definirea obiectivelor precise ale proiectului, testarea primelor idei, planificarea proiectului şi constituirea unei echipe de persoane experimentate şi entuziaste cu profiluri diferite;

Înţelegerea, prin studii de piaţă şi analize transversale;

Proiectarea, care implică explorarea, testarea şi renunţarea la ideile preconcepute care sunt reconfortante, dar care îi împiedică pe oameni să vadă lucrurile altfel;

Crearea prin punerea în aplicare a unui plan de afaceri şi a unui plan financiar;

Recomandări rapide

Atunci când un lider se gândește să regândească modelul de afaceri al companiei sale, ar trebui întotdeauna:

- să se asigure că abordarea lor este legitimă, relevantă și coerentă;

- să asigure participarea activă a tuturor nivelurilor întreprinderii pentru a obține o imagine de ansamblu și pentru a evita o eventuală rezistență la schimbare;

- apelați la un mediator imparțial care să conducă discuțiile și să provoace participanții;

- să facă bilanțul a ceea ce există deja pentru a decide dacă trebuie să înceapă de la zero sau nu;

- să decidă cine va fi responsabil de proiect pentru a asigura o tranziție fără probleme la punerea în aplicare a noilor orientări.

STUDIU DE CAZ

Acest studiu de caz are ca subiect o librărie nespecializată, care vinde romane, cărți de artă și muzică, cărți academice și cărți științifice. Aceasta este renumită pentru calitatea recomandărilor sale în materie de literatură, precum și pentru catalogul său vast de manuale școlare și universitare.

Deoarece sectorul cărților a suferit multe schimbări în ultimii ani, cum ar fi introducerea vânzărilor online, librăriile sunt din ce în ce mai puțin frecventate. În plus, punctul de vânzare în cauză se confruntă cu o concurență acerbă: există mai multe librării într-o zonă mică și fiecare dintre ele încearcă să iasă în față prin diversificare sau specializare. În special, pe piața cărților școlare a apărut un concurent direct. Prin urmare, este timpul ca magazinul să își reconsidere modelul de afaceri pentru a rămâne deschis.

Managerul librăriei decide să își revizuiască modelul de afaceri și își convoacă personalul (echipa de comunicare, contabilul, librarii, echipa de recepție etc.) pentru a analiza situația. Împreună, aceștia trebuie să adreseze o serie de întrebări pentru a completa tabloul și a actualiza modelul de afaceri actual. Este important de reținut aici că pot începe cu orice pătrat al modelului.

 ## SFATURI PENTRU LIDERI

Osterwalder avertizează asupra unor capcane:

Nu vă temeți de ideile prea îndrăznețe, până la punctul de a le respinge sistematic. Deși pot genera mai multe riscuri, acestea sunt, de asemenea, adesea mai interesante. Cu toate acestea, acest lucru nu înseamnă că trebuie să le aprobați fără a mai reflecta. De exemplu, ele pot fi testate inițial, apoi ajustate și adaptate dacă se dovedesc eficiente.

Nu porniți automat de la zero, deoarece pot exista elemente utile care să fie păstrate din modelul anterior.

Nu excludeți anumiți membri ai echipei, pentru că cele mai bune idei apar adesea prin împărtășire.

Nu vă concentrați doar pe termen scurt. La fel ca în cazul oricărei proiectări de modele de afaceri, privirea pe termen lung limitează riscurile.

Analiza vechiului model de afaceri

Pe măsură ce discuțiile avansează, pânza se umple și dezvăluie o imagine de ansamblu a situației actuale, cu punctele forte și punctele slabe ale modelului de afaceri actual.

- **Segmente de clienți. Care sunt cei mai mari clienți ai librăriei? Ce segmente sunt atinse? Pentru cine creează valoare?** În acest caz, principalii clienți provin din școli și universități, care își trimit direct studenții la această librărie. Bibliotecile și clienții fideli – în principal pensionari – o vizitează în mod regulat pentru a beneficia de recomandările acesteia.

  - O piață stabilă: Biblioteci și clienți fideli.

  - Piața de recuperat în fiecare an: universități.

  - Vizite din partea persoanelor fizice sau a publicului larg, care cunosc numele librăriei sau au vizitat-o deja și care vin o dată sau mai multe pe an, în momente mai mult sau mai puțin aleatorii (carte sau comandă specifică, răsfoire, cadouri etc.).

- **Propunerea de valoare. Care este valoarea adăugată a librăriei?**

  o Un sfat înțelept pentru clienții fideli, pentru public și pentru bibliotecari.

  o "Prețuri imbatabile" pentru unii bibliotecari și pentru școli sau universități (și, prin urmare, indirect pentru studenți).

- **Canale. Cum comunică magazinul cu clienții? Ce canale folosește?** Canalele utilizate în prezent sunt, în principal, e-mailul și telefonul. Universitățile și bibliotecile sunt în general contactate de la distanță, în timp ce librarii lucrează prin contact direct cu clienții care vizitează magazinul.

- **Relațiile cu clienții. Ce fel de relații are librăria cu clienții săi? Întreține** o relație de încredere cu clienții fideli și cu instituții precum bibliotecile și universitățile. În aceste relații, toată lumea are de câștigat: compania își poate reduce costurile, în timp ce bibliotecile și universitățile își cumpără cărțile la cel mai bun preț. Relația cu clienții este adaptată în funcție de aceștia.

- **Fluxuri de venituri. Pentru ce plătesc clienții? Cum plătesc aceștia?** Bunurile sunt vândute direct: clienții plătesc direct la ghișeu sau prin factură pentru biblioteci și universități. Aceștia plătesc știind că primesc un serviciu și o consiliere cu care sunt obișnuiți și pe care le apreciază.

- **Resurse cheie. Ce resurse cheie necesită propunerea de valoare a librăriei?**

  - Resursele cheie ale unei librării sunt în primul rând resursele umane, mai ales în zilele noastre. Clienții merg acolo pentru a primi sfaturi și pentru a menține o relație specială cu librarul.

  - A doua resursă cheie este cea financiară (prețurile de vânzare și reducerile discutate cu furnizorii, care au un impact deosebit asupra vânzărilor către universități și biblioteci).

- **Activități cheie. Care sunt activitățile-cheie care rezultă din propunerea de valoare a librăriei?** Pentru a asigura cel mai bun preț pentru universități și biblioteci, managerul face periodic studii de piață privind prețurile și serviciile oferite de concurență. În plus, calitatea consultanței depinde de expertiza librarilor.

- **Parteneriate cheie. Cine sunt partenerii cheie ai librăriei? Cu cine colaborează? Ce parteneri o ajută să creeze valoare?** Librăria a stabilit relații de încredere cu o rețea de furnizori specializați. Situațiile lor economice sunt strâns legate: o scădere a vânzărilor pentru librărie duce la o pierdere de venituri pentru furnizori. Prin urmare, furnizorii au întocmit o listă de comenzi care ar trebui revizuită periodic, deoarece acestea nu corespund întotdeauna vânzărilor reale ale librăriei (cărți excedentare pe care magazinul nu reușește să le vândă). Prin urmare, trebuie găsit un echilibru, mai ales că uni i furnizori "blochează" comenzile în cazul în care librăria are întârzieri de plată (ceea ce implică, desigur, mai puține stocuri, care, la rândul lor, generează mai puține vânzări, creându-se astfel un cerc vicios). Prin urmare, este esențial să se mențină o relație de încredere cu furnizorii. Distribuitorii joacă, de asemenea, un rol important, deoarece este imperativ ca librăria să respecte termenele de livrare promise. În acest sens, concurența este acerbă cu site-urile care garantează livrarea în două-trei zile lucrătoare. Acest punct poate fi îmbunătățit, deoarece librăria suferă în prezent de întârzieri mari.

- **Structura costurilor. Care sunt principalele costuri ale librăriei? Care sunt cele mai costisitoare activități?** Librarii se ocupă direct de comenzi. Managerul se ocupă de cererile specifice din partea universităților pentru a comanda cantități mai mari. Costurile de achiziție variază, deoarece depind de volumul comenzilor și de eventualele reduceri oferite de furnizor: în prezent, acestea sunt prea mari. Costurile salariale sunt, de asemenea, semnificative, deoarece vârsta medie a angajaților este relativ ridicată.

Adaptarea modelului de afaceri

În cazul participanților, totul pare posibil: trebuie doar să îndrăznească să pună întrebările necesare pentru a actualiza modelul de afaceri. Aceștia își pot începe reflecția cu oricare dintre căsuțele de pe pânză. În mod ideal, ei ar trebui să se asigure că sunt imaginate inovații pentru fiecare căsuță a pânzei și apoi să aleagă cea mai potrivită sugestie pentru situația respectivă.

Astfel, prin adăugarea, eliminarea și mutarea notelor autocolante cu diferitele ide ale fiecărui angajat al librăriei, modelul este reprezentat mai obiectiv, ceea ce generează noi sinergii constructive.

Modificări majore:

Această nouă versiune a modelului de afaceri plasează clientul în centrul preocupărilor sale: se urmărește optimizarea propunerii de valoare, dezvoltarea relațiilor cu clienții etc. Această ultimă dimensiune, care este adesea neglijată sau lăsată deoparte de către întreprinderi, poate orienta în mod inteligent alegerile strategice. Noua configurație răspunde mai bine la problemele cu care se confruntă librăria, deoarece clientul, care poate avea motive diferite de lectură (de la clientul fidel, mai în vârstă, la dezvoltarea unui nou segment mai tânăr și/sau care nu se mai deplasează la librărie), este plasat în centrul structurii economice. Librăria trebuie în primul rând să își revizuiască activitățile-cheie (lecturi, evenimente literare, formarea angajaților), structura costurilor (site-ul web, costurile salariale), partenerii-cheie (distribuitori, furnizori, concurenți), canalele de comunicare (dezvoltarea site-ului web) etc.

LIMITĂRI ȘI EXTINDERI

LIMITĂRI ȘI CRITICI

- **Lipsa de concentrare asupra aspectului strategic.** După cum s-a subliniat anterior, BMC ignoră aspectul strategic al afacerii. Acesta plasează propunerea de valoare în centrul abordării sale, pornind de la premisa că dorința principală a oricărei afaceri este de a face bani. Acest lucru este semnificativ, dacă nu chiar esențial, pentru supraviețuirea companiilor, dar nu toate acestea pun profitul în fruntea agendei lor. Acesta este cazul, în special, al asociațiilor non-profit. Abordarea strategică este importantă pentru dezvoltarea oricărei companii, iar dacă nu o luăm în considerare riscăm să ratăm segmente importante de clienți pe care poate nu le-am luat în considerare.

- **Nu se poate aplica tuturor companiilor. Potrivit** lui Philippe Moricou (profesor de strategie la ESSCA), într-un interviu acordat site-ului My-Business-Plan.fr, se pare că BMC poate fi aplicat mai ușor în cazul întreprinderilor cu o singură activitate, cum ar fi start-up-urile, decât în cazul organizațiilor multidisciplinare. Moricou consideră că acest lucru se datorează simplității matricei. Într-adevăr, sinergiile potențiale dintre diferitele activități pot să nu se încadreze neapărat în căsuțele relativ simple ale modelului.

- **Nu se ține cont de concurență.** Business Model Canvas se concentrează pe structura și funcționarea internă a companiei și nu ia în considerare (sau ia în considerare doar într-o măsură foarte limitată) factorii externi, cum ar fi concurența. Cu toate acestea, este important să te gândești la concurență atunci când stabilești modelul, deoarece o schimbare la acest nivel poate avea un efect direct asupra acestuia, solicitând companiei să își revizuiască obiectivele, de exemplu. În cazul studiului nostru de caz, compania a dorit să își revizuiască modelul de afaceri din cauza creșterii concurenței care risca să îi afecteze propunerile de valoare.

- **Analiza statică.** BMC nu ține cont de evoluția activității studiate: permite o imagine de ansamblu a situației la un moment dat și, prin urmare, ignoră complet viziunea pe termen lung.

MODELE ȘI EXTENSII CONEXE

Întrucât modelul de model de afaceri are unele limitări, inclusiv, în special, lipsa unei dimensiuni strategice, merită să se ia în considerare combinarea acestuia cu alte instrumente, astfel încât acestea să se completeze reciproc.

Matricea BCG pentru a ghida strategia

Bazat pe cele patru tipuri de domenii de activitate strategice (stele, semne de întrebare, vaci de muls și câini), acest model poate completa BMC, care nu ia în considerare aceste realități care influențează alegerile strategice. Ideea matricei BCG este de a evalua atât piața produsului, cât și perspectivele de creștere a produsului pe piață. Compania utilizează acești parametri pentru a determina prioritățile în portofoliul său de produse și pentru a asigura crearea de valoare pe termen lung și gestionarea fluxului de numerar.

Cele cinci forțe ale lui Porter pentru a învinge concurența

Cele cinci forțe ale lui Porter determină atractivitatea unei industrii. Se pleacă de la premisa că întreprinderile caută un avantaj competitiv care se măsoară prin capacitatea lor de a genera profituri sau de a capta resurse. Aceste cinci forțe sunt: potențialii concurenți (cei care pot intra pe piață și pot reprezenta o amenințare), produsele de substituție (produse aflate în concurență directă), clienții și distribuitorii, precum și furnizorii (care au cu toții putere de negociere).

- Business Model Canvas provine din cartea *Business Model Generation: A Handbook for Visionaries, Game Changers and Challengers* (*Un manual pentru vizionari, schimbători și provocatori*), scrisă în 2011 de Alexander Osterwalder și Yves Pigneur.

- Este un model practic, care este foarte ușor de utilizat și direct aplicabil. Implică toate nivelurile din ierarhia companiei, dar este mai potrivit pentru întreprinderile nou-înființate decât pentru întreprinderile mari.

- Matricea se bazează pe propunerea de valoare oferită clienților. Cele nouă blocuri care alcătuiesc tabloul se suprapun, iar modelul de afaceri este dezvoltat folosind sinergiile create între ele:

  - activități cheie

  - parteneriate cheie

  - resurse cheie

  - segmente de clienți

  - canale

  - relațiile cu clienții

  - propunere de valoare

  - structura costurilor

  - fluxuri de venituri.

- Utilizarea notelor autocolante stimulează creativitatea, deoarece acestea pot fi mutate în mod liber în timpul unui atelier. Acest lucru îi implică pe diferiții participanți care reflectă asupra creării de valoare a companiei. Scopul este de a conștientiza diferitele măsuri care trebuie puse în aplicare pentru a realiza un plan concret și direct aplicabil.

- Autorii fac câteva recomandări importante: să asigure legitimitatea procesului, să pună accentul pe o prezentare generală a modelului, să ia în considerare un mediator care să conducă discuțiile, să facă un bilanț al situației actuale și să identifice persoanele responsabile pentru realizarea proiectului.

- După cum am văzut în exemplul concret al librăriei, relațiile cu clienții și propunerile de valoare sunt fundamentale în acest domeniu. Cu toate acestea, autorii îi avertizează pe liderii de afaceri să nu se teamă să fie prea inventivi, să implice cât mai multe persoane în conceperea BMC și să ia ca punct de plecare ceea ce știu deja, în loc să o ia de la zero, deoarece acest lucru ar putea cauza probleme serioase de coerență.

- Cu toate acestea, acest instrument are unele limitări, cum ar fi faptul că nu acoperă aspectele strategice și concurențiale. Folosirea acestuia alături de un plan de afaceri va asigura că nu se uită niciun detaliu.

BIBLIOGRAFIE

Créativité.net (2016) *Business Model – Nouvelle Génération: Un guide pour visionnaires, révolutionnaires et challengers d'Alexander Osterwalder et d'Yves Pigneur.* [Online]. [Accesat la 20 iulie 2015]. Disponibil la: < http://www.creativite.net/business-model-nouvelle-generation-alexander-osterwalder-yves-pigneur/>.

Kotler, P., Keller, K. și Manceau, D. (2012) *Managementul marketingului.* Ediția ᵃ14-ᵃ Paris: Pearson.

Menin-Urien, G. (2012) 2013, action commercial – Conseil 6 : apportez de la valeur ajoutée! *Le Blog du Manager comercial.* [Online]. [Accesat la 20 iulie 2015]. Disponibil la: < http://www.management-commercial.fr/2012/12/21/2013-quelle-action-commerciale-apportez-de-la-valeur-ajoutee/>.

My-Business-Plan.fr (2013) *Philippe Mouricou vous dit tout sur le Business Model Nouvelle Génération.* [Online] [Accesat la 8 iulie 2015]. Disponibil la: < http://www.my-business-plan.fr/interview-philippe-mouricou-business-model>

Osterwalder, A. și Pigneur, Y. (2010) *Business Model Generation: A Handbook for Visionaries, Game Changers, and Challengers (Un manual pentru vizionari, schimbători și provocatori).* Hoboken, New Jersey: John Wiley & Sons.

UCM (2016) *Le Business Model Canvas. Un instrument strategic pentru întreprinderi.* [Online]. [Accesat la 8 iulie 2015].

Disponibil la: < http://www.ucm.be/Entreprendre/Le-Business-Model-Canvas-Un-outil-strategique-pour-l-entreprise>

Universitatea din Lausanne (2016) Yves Pigneur. *Facultés des Hautes Études Commerciales*. [Online]. [Accesat la 20 iulie 2015]. Disponibil la: < https://hec.unil.ch/people/ypigneur>.

SURSE SUPLIMENTARE

Site-ul web Business Model Canvas: http://www.business-modelgeneration.com/canvas/bmc

Site-ul lui Alexander Osterwalder: http://alexosterwalder.com/

VIDEOCLIPURI

Explicarea modelului de afaceri. (2011) [Video]. Disponibil la: < https://youtu.be/QoAOzMTLP5s>

Osterwalder explică modelul de afaceri. (2012) [Video]. Disponibil la: < https://www.youtube.com/watch?v=Rz-kdJiax6Tw>

Vrem să auzim de la tine!
Lasă un comentariu despre biblioteca ta online
şi împărtăşeşte cărţile tale preferate pe reţelele de socializare!

IMPROVE YOUR GENERAL KNOWLEDGE

IN THE BLINK OF AN EYE!

www.50minutes.com

Master ISBN: 9782808600835
Hârtie ISBN: 9782808602280
Depozit legal: D/2022/12603/229

Design digital: Primento,
partenerul digital al editurilor.